Inhalt

Bücher lesen in der Schule

Eine Einführung für Lehrerinnen und Lehrer

1. Leseförderung ist notwendig!

Die Leseförderung und die Entfaltung von Methoden des (Bücher-)Lesens im Unterricht müssen vor dem Hintergrund einer häufig fehlenden Lesesozialisation in den Familien Schwerpunkte des schulischen Unterrichts sein, vor allem im Fach Deutsch. Die große Zahl von Nicht-, Wenig- und Ungernlesern unter Jungen und Mädchen sowie die immer stärker werdende Konkurrenz der elektronischen Medien mit ihrer intensiven Erlebensgeschwindigkeit (Fernsehen, Computer, Spielekonsolen) verlangen geradezu, dass die Schülerinnen und Schüler zum Lesen von Büchern hingeführt werden.

Die Gründe für die geringe Leselust unserer Jugendlichen sind vielfältig. Immer wieder wird in diesem Zusammenhang die „Medienverwahrlosung" der Kinder und Jugendlichen angeprangert, auch als Ursache für Schulversagen. Empirische Untersuchungen haben zudem ergeben, dass wir in Deutschland hinsichtlich der **Leseerziehung in Familie und Schule** viel weniger leisten als manch andere Länder. Bezogen auf die **schulische Leseförderung** ist es ernüchternd, dass über die Hälfte der Siebt- bis Zehntklässler der Aussage zustimmen: *„In der Schule lesen wir nur langweilige Sachen."* Solche Untersuchungsergebnisse zeigen, dass wir im pädagogischen Feld etwas tun können und müssen, und zwar für die Förderung der **Lesebereitschaft**, um auf diesem Weg zur Förderung der **Lesekompetenz** beizutragen.

> „Kinder lesen keine Bücher, weil sie nicht lesen können. Kinder können nicht lesen, weil sie keine Bücher lesen."
>
> *(Richard Bamberger, Leseforscher)*

Wenn man bedenkt, wie wichtig das Lesen für das Denken und Lernen, für die Erschließung der Welt, für die individuelle Entwicklung und für eine kompetente Nutzung des Medienangebots ist, dann ist es vor diesem Hintergrund unverzichtbar, dass in der Schule – und hier besonders im Deutschunterricht – Gelegenheiten zum Lesen geschaffen, Leseangebote gemacht und Methoden zur Auseinandersetzung mit dem Gelesenen angeboten werden.

2. Wie kann Leseförderung gelingen?

Zurzeit werden viele didaktische Förderkonzepte diskutiert und viele neue Materialien angeboten, die das Lesen fördern sollen. Auf der einen Seite wird vorrangig auf Methoden und Verfahren gesetzt, welche die motivationalen Aspekte in den Vordergrund rücken und Leseinteressen und Leselust fördern wollen. *„Lesen, was das Zeug hält"*, heißt hier die Parole. Auf der anderen Seite geht es um die Entwicklung und Förderung kognitiver Leseprozesse bzw. um den Erwerb von Lesestrategien, die bei den Schülerinnen und Schülern mit entsprechenden Trainingsmaßnahmen gefestigt werden sollen. Als Motto könnte man hier sagen: *„Lesen ist wie Sport: Ausdauer kommt durch Übung und Übung bringt Erfahrung."*

Ein weiterer Aspekt ist hier von Bedeutung: Leseforscher weisen darauf hin, dass es einen unmittelbaren **Zusammenhang zwischen Lesenwollen und Lesenkönnen** gibt. Das bedeutet, dass bei allen Unterrichtsvorhaben zur Förderung der Lesekompetenz das Lesenwollen, also die **Lesemotivation**, besonders beachtet werden muss. Wichtige Bedingungen dafür sind, dass die Schülerinnen und Schüler Bücher als etwas Bedeutungsvolles wahrnehmen und ihren Wert erfahren, dass sie das Lesen auch genießen können und zu Anschlusskommunikationen ermutigt werden. Sie sollen sich mit den Buchfiguren identifizieren (oder sich bewusst von ihnen distanzieren) und ihre eigenen Erfahrungen und Gefühlserlebnisse mit dem Buchgeschehen verbinden können. Sowohl Identifikations- als auch Differenzerfahrungen haben eine große Bedeutung für die Selbstfindung und können dazu führen, dass man Unbekanntes und Fremdes verstehen lernt.

Leseförderung gelingt deshalb mit Hilfe von Kinder- und Jugendliteratur umso eher, je mehr die Unterrichtsgestaltung auf die individuelle Situation der Schülerinnen und Schüler eingeht, d. h. auf ihre Interessen, ihre Fähigkeiten, ihr Lesetempo und auf ihre (immer wieder neu zu entdeckenden) Möglichkeiten, sich mit dem Gelesenen auseinanderzusetzen.

3. Differenzierte Klassenlektüre oder ein Buch für alle?

Wenn wir einerseits davon ausgehen müssen, dass die Lesefähigkeiten und Leseinteressen der Schülerinnen und Schüler einer Schulklasse sich häufig stark voneinander unterscheiden, und wenn wir andererseits wissen, dass sich erst dann eine lohnende Leseerfahrung ergibt, wenn eine möglichst gute Passung zwischen Leser/Leserin und Buch vorhanden ist, dann müssen wir die übliche Klassenlektüre überschreiten und zu einem differenzierten Lese- bzw. Buchangebot kommen. Je passgenauer die sprachlichen und literarischen Ansprüche mit dem übereinstimmen, was der Einzelne auch leisten kann, und je mehr das im Buch verarbeitete Thema mit den Interessen und Fragen der einzelnen Schülerinnen und Schüler zu tun hat, desto größer ist die Chance, dass das Lesen als etwas Wertvolles erfahren wird. Die Konsequenz hieraus ist, den Schülerinnen und Schülern einer Klasse mehrere Bücher anzubieten, aus denen sie dann selbst auswählen können; auch solch ein bewusstes und begründetes Auswählen gehört zum Erreichen einer Kompetenz dazu.

Mit der individualisierten und individualisierenden **Arbeitsmethode „Lesetagebuch"** kann man eine differenzierte Klassenlektüre methodisch in den Griff bekommen. Wenn man z. B. mehrere Buchbeispiele in einer Klasse vorstellt und die Schülerinnen und Schüler sich bewusst für ein Buch entscheiden lässt, kann die Lektüre mit Hilfe der selbstständigen Lesetagebucharbeit folgendermaßen organisiert werden:

- Die Bücher werden kurz vorgestellt, evtl. mithilfe des Covers und des Klappentextes oder auch durch das Vorlesen der ersten Seite.

- Die Schülerinnen und Schüler dürfen die Bücher angucken, anfassen, darin blättern, den Klappentext lesen, Fragen stellen.
- Anschließend erhalten die Schülerinnen und Schüler einen **Wahlzettel** (Kopiervorlage A), auf dem noch einmal alle Bücher von der Lehrerin bzw. vom Lehrer aufgelistet sind. Sie kreuzen „ihr“ Buch an, begründen kurz ihre Wahl und unterschreiben ihre „Buchbestellung“. (In der linken Spalte können vor dem Kopieren noch verkleinerte Abbildungen der Buchcover eingefügt werden.)
- Bei der Wahl können sich unterschiedliche Konstellationen ergeben:
  - Alle Schülerinnen und Schüler entscheiden sich für das gleiche Buch.
  - Es entstehen kleine Gruppen derjenigen Schülerinnen und Schüler, die sich für ein bestimmtes Buch entschieden haben.
  - Jeder liest ein anderes Buch, weil über die vorgestellten Bücher hinaus noch weitere Vorschläge und Wünsche eingebracht worden sind.
  - Es ergibt sich eine Mischung zwischen individuellem Lesen und einem Lesen in kleinen Gruppen.

Nach der Wahl der Bücher erfolgt eine Einführung in die Lesetagebucharbeit. Dazu kann der **Einführungstext** (Kopiervorlage B) verteilt und gelesen werden, ebenso der **Einlegezettel** mit den Anregungen für mögliche Aufgaben (Kopiervorlage C). Zum Schluss wird ein Hinweis auf die kopierten Aufgabenblätter 1 - 28 gegeben und die **Übersicht** (Kopiervorlage F) wird verteilt oder im Klassenraum aufgehängt. Danach beginnt das Lesen; begleitend erfolgt die Auseinandersetzung mit dem Gelesenen mithilfe des Lesetagebuchs und ausgewählten Aufgabenblättern.

Um auch den Aspekt der Kontinuität im Lesen ins Bewusstsein der Schülerinnen und Schüler zu heben und für das Lesen weiterer Bücher zu motivieren, kann der **Lesepass** (Kopiervorlage D) eingeführt werden. Bei einer bestimmten Anzahl gelesener Bücher wird dann der **Leser-Preis** verliehen (Kopiervorlage E), der aus einer Urkunde und einem kleinen anerkennenden Geschenk – möglichst einem Buchgeschenk – besteht.

4. Die Methode „Lesetagebuch“

Um die Auseinandersetzung mit dem Gelesenen zu vertiefen und um den Prozess dieser Auseinandersetzung (auch für die Lehrerinnen und Lehrer) sichtbar zu machen, ist die Lesetagebucharbeit eine bewährte **handlungs- und produktionsorientierte Methode,** bei der die Lernbereiche Lesen und Schreiben miteinander verknüpft sind. Sie ermöglicht einen Kompromiss zwischen dem freien selbstbestimmten Lesen und der weiteren – vertieften, sichtbar gemachten, aber individuellen und selbstständigen – Auseinandersetzung mit dem Gelesenen. Das Textverstehen wird dabei nicht nur auf analytisch-interpretatorische Weise, sondern vor allem produktionsorientiert zu erreichen versucht. Die Buchtexte werden als Kommunikationsangebot an den Leser und als Anlass für eine mitgestaltende Auseinandersetzung gesehen. Die Selbstständigkeit der Schülerinnen und Schüler wird dadurch ebenso gefördert wie der Austausch von Leseerfahrungen und die Verständigung über das jeweilige Textverstehen. Für die Lehrerinnen und Lehrer werden durch das Lesetagebuch die Lese- und Verstehensprozesse der Schülerinnen und Schüler sichtbar gemacht.

> „Ich möchte mit meinen Schülern ja gern Bücher lesen. Aber was kann ich denn methodisch damit machen – außer lesen und darüber reden?“
>
> *(Frage eines motivierten Lehrers)*

Diese Arbeitsweise passt auch hervorragend zu den **Bildungsstandards** für die Sekundarstufe I, weil viele Standards der Kompetenzbereiche „Lesen – mit Texten und Medien umgehen" und „Schreiben" in den Aufgaben des Lesetagebuchs aufgegriffen werden. In den Kerncurricula vieler Bundesländer wird die Lesetagebucharbeit ausdrücklich als notwendig und sinnvoll erwähnt und empfohlen.

Für die Lesetagebucharbeit gibt es **vorstrukturierte Lesetagebücher** für die Hand der Schülerinnen und Schüler, wie sie z.B. die **Reihe Texte.Medien** des Schroedel-Verlags zu zahlreichen Jugendbüchern anbietet. Darin sind Aufgaben enthalten, die auf **das konkrete Buch zugeschnitten** sind und direkt im schon vorbereiteten Lesetagebuch bearbeitet werden.

Wenn die Schülerinnen und Schüler zu ihrem gewählten Buch individuell ein **freies Lesetagebuch** erstellen sollen, dann können ihnen **Anregungen in Form eines Einlegezettels** (Kopiervorlage C) gegeben werden, aus denen sie Aufgaben auswählen und in einem eigenen DIN-A4-Heft oder in einer Mappe bearbeiten. Oder ihnen werden – zusätzlich oder als Variante – **Kopiervorlagen** zur Verfügung gestellt, wie sie das vorliegende Heft enthält.

Literaturempfehlung:
Hintz, Ingrid: Das Lesetagebuch. Intensiv lesen, produktiv schreiben, frei arbeiten. 2. erw. Auflage, Baltmannsweiler 2005 (Schneider-Verlag Hohengehren)

Internet: www.schroedel.de/textemedien

5. Zur Arbeit mit den Kopiervorlagen

Inhaltlich sind der Ideenvielfalt bei der Gestaltung von Lesetagebüchern keine Grenzen gesetzt. Die **Kopiervorlagen zum freien Lesetagebuch** enthalten eine Ideensammlung für den Umgang mit Kinder- und Jugendbüchern, die **nicht auf bestimmte Bücher oder Bucharten festgelegt** ist. Ob eine gemeinsame Klassenlektüre beabsichtigt ist, ob Schülerinnen und Schüler gruppenweise ein Buch lesen oder ob jeder ein frei gewähltes Buch liest – die einzelnen Aufgaben bieten in jedem Fall **vor dem Lesen** (Nr. 1), **während des Lesens** (Nr. 2-23) und **nach dem Lesen** (Nr. 24-28) ein reichhaltiges Angebot zur selbstständigen Auseinandersetzung mit dem Gelesenen. Die Aufgabenblätter sind bei der Einzelarbeit ebenso einsetzbar wie in der Partner- und Gruppenarbeit, aber auch als Ergänzungsmaterial im Klassenunterricht oder als Ideenbörse in freien Lesestunden, in der Freiarbeit oder in Projekten.

Die meisten Vorlagen beziehen sich auf den **Umgang mit erzählender Literatur,** viele helfen jedoch auch, den **Umgang mit Sachbüchern** zu unterstützen, zu strukturieren und zu vertiefen. Auf einigen Arbeitsblättern wird der vorhandene Platz zum Schreiben oder Gestalten nicht ausreichen. Dann müssen Zusatzblätter zu Hilfe genommen werden. Um die Lesefreude und Lesemotivation beim Umgang mit Kinder- und Jugendbüchern zu wecken oder zu erhalten, sollte man die Schülerinnen und Schüler allerdings nicht mit zu vielen Untersuchungs-, Schreib- und anderen Produktionsaufgaben demotivieren. Deshalb ist es sinnvoll, nach unterrichtsbezogenen Zielsetzungen bzw. schülerbezogenen Kriterien eine **Auswahl** zu treffen oder die Schüler selbst aus den Vorlagen diejenigen auswählen zu lassen, die sie in Bezug auf ihr Buch bzw. im Hinblick auf ihre Motivationslage für geeignet halten. Manche Blätter können auch mehrfach für verschiedene Kapitel oder Textstellen des Buches gewählt bzw. eingesetzt werden.

Die Kopiervorlagen enthalten Anregungen für unterschiedliche Auseinandersetzungsweisen. Eher **reproduktive Aufgaben** zielen auf die Wiedergabe des Inhalts und die Beschreibung der Personen und der Problemfelder; **wertende Aufgaben** regen zu begründeten Meinungsäußerungen an; **gestalterische Aufgaben** eröffnen Möglichkeiten für Zeichnungen und Illustrationen. Von großer Bedeutung sind Aufgaben, die eine **Identifikation** mit den Buchfiguren zum Ziel haben und dazu anregen, sich selbst in die Handlung und die Personen hineinzudenken und die eigene Lebenswelt zum Buchgeschehen in Beziehung zu setzen. Durch diese **Perspektivenübernahme** sollen sowohl das **Fremdverstehen (Empathie)** als auch die Kraft zur **Imagination** gefördert werden. Andere Aufgaben regen in **kommunikativer** Absicht zur Kontaktaufnahme mit den Buchfiguren und dem Autor an. Wieder andere sollen Hilfen geben für das **metakommunikative** Nachdenken über den eigenen Leseprozess und für das Formulieren der Gedanken und Empfindungen beim Lesen des Buches.

Weil das Prozesshafte des Schreibens stark im Vordergrund steht (obwohl am Ende jeweils auch ein fertiges Produkt vorliegt), ist die **Bewertung der Lesetagebücher** schwierig. In jedem Fall sollte die Bewertung am Ende als **individuelle Würdigung der Schülerleistung** erfolgen. Falls eine Bewertung in Form einer Zensur vorgesehen ist, sollten vorher die Beurteilungskriterien transparent gemacht werden.

Wer liest, lebt doppelt. Wer liest, nimmt teil an den Lebensgeschichten, Erlebnissen, Problemen, Gedanken und Gefühlen der Buchfiguren. Wer liest, erfährt etwas über die Welt, das Leben, die Menschen und sich selbst.

Eine **Übersicht über alle Kopiervorlagen** (Kopiervorlage F) ermöglicht eine schnelle Orientierung, sowohl für Lehrerinnen und Lehrer, wenn sie einzelne Vorlagen für die Arbeit in der Klasse auswählen, als auch für Schülerinnen und Schüler, wenn sie in selbstständiger Arbeit Impulse für ihr weiteres Vorgehen suchen. Die Übersicht kann dazu (evtl. vergrößert) im Klassenraum aufgehängt und auf Nachfrage auch kopiert werden. Sinnvoll ist sicherlich, eine gewisse Anzahl von Kopien der einzelnen Vorlagen im Klassenraum vorrätig zu haben.

Unterrichtsmethodisch bieten sich verschiedene **Vorgehensweisen** an, z. B.:

- Beim Lesen eines Buches führen die Schülerinnen und Schüler begleitend ein Lesetagebuch, das sie entweder ganz frei und ohne Vorgaben (bis auf den Anregungszettel) oder teils frei, teils mithilfe von selbst ausgewählten Aufgaben aus diesem Heft verfassen. Die kopierten Aufgabenblätter können dann in das Lesetagebuch eingeklebt oder eingeheftet werden.
- Die Lehrerin bzw. der Lehrer liest mit der Klasse ein Buch und legt zur vertieften Auseinandersetzung mit dem Gelesenen ausgewählte Aufgabenzettel aus oder verteilt sie an die Schülerinnen und Schüler.
- Bestimmte Aufgabenblätter werden verpflichtend vorgegeben und andere zur Wahl gestellt.

Viel Freude und Erfolg bei der Leseförderung mit Jugendbüchern, bei der Arbeit mit der Methode „Lesetagebuch" und mit diesen Kopiervorlagen!

A

Mein Wahlzettel

Auf diesem Zettel sind alle Bücher aufgelistet, die zum Lesen zur Wahl stehen. Wähle ein Buch aus, das du lesen möchtest. Kreuze das Buch an und begründe, warum du dich für dieses Buch entschieden hast. Unterschreibe dann den Wahlzettel.

Meine Entscheidung für das Buch, das ich lesen möchte:

☐ 1. ______________________________

Meine Begründung: ______________________________

____

____

☐ 2. ______________________________

Meine Begründung: ______________________________

____

____

☐ 3. ______________________________

Meine Begründung: ______________________________

____

____

☐ 4. ______________________________

Meine Begründung: ______________________________

____

____

Datum: ____________________ Unterschrift: ____________________

B

Bevor du mit dem Lesen anfängst ...

Wenn du ein Buch liest, kann es sinnvoll sein, das Buch nicht nur einfach zu lesen, sondern sich auch viele Gedanken über das Gelesene zu machen. Das **Lesetagebuch** hilft dir, dich intensiv mit dem Buch auseinanderzusetzen, es besser zu verstehen und dich später daran zu erinnern.

In einem **Lesetagebuch** kannst du alles aufschreiben, was dir beim Lesen in den Sinn kommt: den Inhalt der einzelnen Kapitel, die Erlebnisse der Buchfiguren, deine Gedanken und Gefühle beim Lesen, Freude und Ärger, Zustimmung und Ablehnung, Begeisterung und Enttäuschung, Fragen und Stellungnahmen. Du kannst auch deine Meinung äußern – zum Buch, zu den Buchfiguren und ihren Erlebnissen, zum Lesen und zum Lesetagebuch-Schreiben.

Dies soll **dein Lesetagebuch** werden, das du ganz selbstständig schreibst und gestaltest.

Auf dem **Anregungszettel** und auf den kopierten **Aufgabenblättern** findest du viele Vorschläge, wie du mit dem Inhalt und den Personen des Buches, mit deinen Eindrücken beim Lesen, mit deinen Fragen, Gedanken und Gefühlen umgehen kannst.

Ein Aufgabenblatt kannst du **vor dem Lesen** des Buches bearbeiten. Die meisten Aufgabenblätter sollen dich **während des Lesens** zum Nachdenken, Schreiben und Zeichnen anregen. Andere Aufgaben kannst du erst **nach dem Lesen** bearbeiten, wenn du noch einmal auf das, was du gelesen hast, zurückblickst.

Wenn mehrere Schülerinnen und Schüler das gleiche Buch lesen, kann es manchmal sinnvoll sein, in einer kleinen Gruppe oder in der Klasse über das Gelesene oder über Fragen, die euch durch den Kopf gehen, zu sprechen. Auch bei den einzelnen Aufgabenblättern könnt ihr euch gegenseitig helfen oder manches gemeinsam bearbeiten.

Wenn der Platz auf einem vorgegebenen Aufgabenblatt nicht ausreicht für das, was du schreiben oder zeichnen möchtest, dann arbeite auf Zusatzblättern weiter.

Sicher hast du auch noch eigene Ideen, die nicht auf dem Anregungszettel oder in den Aufgabenblättern enthalten sind.

Alles klar?
Dann viel Freude beim Lesen und Lesetagebuch-Schreiben!

Hallo, ich bin dein Lesetagebuch!

Auf diesem Zettel, den du in dein Lesetagebuch einlegen oder einkleben kannst, findest du viele Anregungen für deine Auseinandersetzung mit dem Buch, das du lesen willst. Wähle diejenigen Anregungen aus, die zu deinem Buch bzw. zu einzelnen Kapiteln oder Abschnitten des Buches passen.

In deinem Lesetagebuch kannst du ...

- notieren, was du wann gelesen hast;
- etwas zum Inhalt der Kapitel, einzelner Textstellen oder des ganzen Buches schreiben und zeichnen;
- Personen des Buches beschreiben, Steckbriefe von ihnen anfertigen und sie zeichnen;
- zu einer Textstelle eine Bildergeschichte oder einen Comic entwerfen;
- zu einer Buchszene ein Drehbuch entwerfen.

- aufschreiben, was du beim Lesen gedacht und gefühlt hast, und auch, warum das wohl so war;
- von deinen eigenen Erfahrungen erzählen, an die du dich beim Lesen erinnert hast;
- aufschreiben, was dir gefällt oder nicht gefällt, und deine Meinung begründen;
- zu Textstellen, die du besonders lustig, traurig oder spannend findest, etwas aufschreiben.

- mit einer Person des Buches Kontakt aufnehmen, z.B. in einem Brief, Telefongespräch oder Interview;
- dir vorstellen, was die Personen des Buches denken und fühlen könnten, und aus ihrer Sicht eine Tagebucheintragung oder einen Brief schreiben;
- aufschreiben, was du selbst anstelle der Buchfiguren denken, fühlen, sagen und tun würdest;
- aufschreiben, welche Person dir besonders gut und welche dir gar nicht gefällt, und deine Meinung begründen.

- an geeigneten Stellen im Buch die Handlung verändern oder weiterschreiben;
- eine Buchkritik oder einen Brief an die Autorin bzw. den Autor schreiben.

Hier noch ein paar Tipps:

- Nimm am besten ein DIN-A4-Heft oder eine Mappe als Lesetagebuch.
- Beginne jede Eintragung mit dem aktuellen Datum und der Seitenzahl oder Kapitelüberschrift.
- Nimm eine besondere Farbe, wenn du etwas wörtlich aus dem Buch abschreibst.
- Unterstreiche, was du besonders wichtig findest.
- Wenn du etwas nicht verstehst oder Schwierigkeiten beim Lesen oder Schreiben hast, dann wende dich an jemanden, der dir helfen kann.

D

Mein Lesepass

Einen Reisepass braucht man, wenn man in bestimmte fremde Länder reisen will. An der Grenze wird dann als Beweis für die Einreise ein Stempel in den Pass gedrückt. Der Lesepass begleitet dich auf deiner Reise in die Welt der Bücher. Alle Bücher, die du gelesen hast, trägst du hier ein. Du kannst sie auch bewerten, und zwar mit den Ziffern 1 bis 4.

1 = Das Buch hat mich so „gefesselt", dass ich mit dem Lesen gar nicht mehr aufhören wollte.

2 = Ich fand das Buch so interessant und spannend, dass ich es auf jeden Fall meinen Freunden zum Lesen empfehlen möchte.

3 = Ich fand das Buch nicht so interessant, habe es aber bis zu Ende gelesen.

4 = Ich fand das Buch langweilig oder zu schwierig und habe es nicht zu Ende gelesen.

Buch Nr.	Angefangen am:	Beendet am:	Autor/in	Titel	Bewertung

E

Dieser

Leser-Preis

wird

____

für das Lesen von

________ Büchern

überreicht.

Herzlichen Glückwunsch!

____

Lehrerin / Lehrer

____

Datum

Lesen ist das Glück meines Lebens. Beim Lesen ist Ruhe. Da werde ich ganz still. Und tauche in eine Geschichte ein, die mich fesselt und ablenkt und unterhält.

Elke Heidenreich

F

Übersicht über die Aufgabenblätter

Vor dem Lesen:

1. Was kommt da auf mich zu?

Während des Lesens:

2. Mein Leseprotokoll
3. Etwas zum Inhalt schreiben
4. Eine Buchfigur vorstellen
5. Namen-Texte schreiben
6. Einen ABC-Text schreiben
7. Eine Tagebucheintragung schreiben
8. Davon träumt eine Buchfigur
9. Eine Bildergeschichte oder einen Comic zeichnen
10. Eine Filmszene entwerfen
11. Gedankenwirrwarr
12. Wem gibst du recht?
13. Eine schwierige Entscheidung
14. Ein Gespräch unter Freunden
15. Eine E-Mail an eine Buchfigur schreiben
16. Ein Telefongespräch mit einer Buchfigur
17. Eine Urkunde für eine Buchfigur
18. Das haben wir gemeinsam
19. Wichtige Wörter – besondere Sätze
20. Ein Schreibgespräch führen
21. Begriffe notieren und erklären
22. Eine Textstelle verändern
23. Ein Rätselgitter entwerfen

Nach dem Lesen:

24. Meine Meinung zu dem Buch
25. Mein neues Wissen
26. Mein Stimmungsbarometer beim Lesen
27. Eine Lesekiste gestalten
28. Vorschläge zur Weiterarbeit

Was kommt da auf mich zu?

Schreibe den Buchtitel auf die Linien mitten auf dieser Seite. Notiere um den Titel herum Fragen, die dir zu dem Buch einfallen bzw. auf die du gern eine Antwort haben möchtest. Außerdem kannst du notieren, welche Gedanken dir durch den Kopf gehen bzw. was du zum Thema des Buches schon weißt.

➲ Du kannst deine ersten Fragen und Gedanken auch nach dem Lesen der ersten Seiten oder des ersten Kapitels noch ergänzen.

Mein Leseprotokoll

Was hast du wann gelesen? Notiere hier die Zeit, in der du gelesen hast, und das Kapitel bzw. die Seiten des Buches. Notiere auch stichwortartig etwas über den Inhalt der gelesenen Kapitel.

Datum	Uhrzeit (von...bis)	Kapitel / Seiten	Inhalt

Etwas zum Inhalt schreiben

Nachdem du ein Kapitel oder einen Textabschnitt gelesen hast, kannst du dir Notizen zum Inhalt des Gelesenen machen. Schreibe in die Mitte dieses Blattes, welches Kapitel bzw. welche Seiten du gelesen hast, und notiere darum herum, was dir dazu einfällt.
Die folgenden Fragen können dir helfen:

Bei einem Roman:
Worum geht es in dem Kapitel? Welche Personen kommen vor? Was erleben die Personen? Was hat dich besonders beeindruckt? Hast du eine Antwort auf eine Frage bekommen?

Bei einem Sachbuch:
Um welchen Aspekt des Themas geht es? Auf welche Fragen hast du eine Antwort bekommen? Was hast du Neues erfahren? Was hast du nicht verstanden? Welche neuen Fragen hast du?

Kapitel/
Seiten:

____

Eine Buchfigur vorstellen

In dem Buch lernst du verschiedene Personen kennen. Wähle eine davon aus und schreibe auf, was du über sie erfahren hast. Ergänze deine Angaben jeweils nach dem Lesen weiterer Buchkapitel. Du kannst zu dem „Steckbrief" auch ein Bild der Person in den Rahmen zeichnen.

Name der Person: ______________________

Alter: ______________________

Wohnort: ______________________

Eltern: ______________________

Aussehen: ______________________

____

____

Eigenschaften: ______________________

____

____

Was die Person gut kann / nicht gut kann: ______________________

____

Was die Person mag / nicht mag: ______________________

____

Freunde / Freundinnen: ______________________

____

➲ Auf einem Zusatzblatt kannst du einen Text schreiben, in dem die Person sich selbst vorstellt. *Hallo, ich bin ...*

Namen-Texte schreiben

Wähle eine Person oder mehrere Personen aus deinem Buch aus und schreibe für sie einen Namen-Text, der zu ihnen passt. Schreibe zunächst die einzelnen Buchstaben des Namens untereinander auf und beginne dann mit jedem Buchstaben einen passenden Satz.

Dies ist ein Beispiel:

L aut lachen kann sie besonders gut.
I mmer hat sie neue Ideen.
S ie ist meistens nett und freundlich.
A ber manchmal ist sie auch zickig.

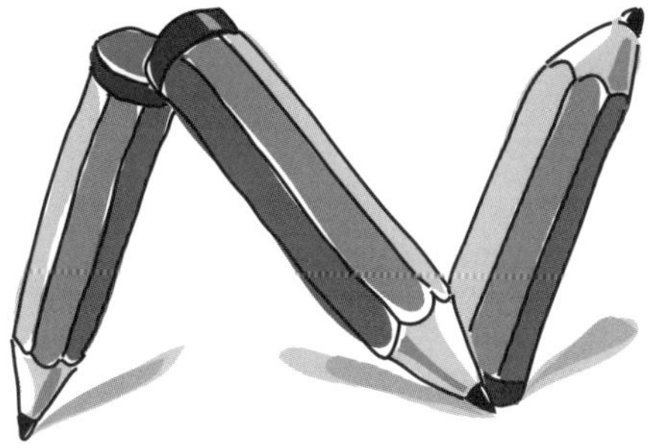

Einen ABC-Text schreiben

Schreibe zu einem gelesenen Textabschnitt oder zu dem ganzen Buch einen ABC-Text.
Also z. B. so:

A lso, am
B eginn des Kapitels stand
C hristian vor
D er Haustür, aber
E r hatte seinen Schlüssel vergessen.
F ür diesen Fall
G ab es aber eine Lösung:
H ...

Wenn dir zu einem Buchstaben nichts einfällt, kannst du ihn auch auslassen.

A ______________________________ N ______________________________

B ______________________________ O ______________________________

C ______________________________ P ______________________________

D ______________________________ Q ______________________________

E ______________________________ R ______________________________

F ______________________________ S ______________________________

G ______________________________ T ______________________________

H ______________________________ U ______________________________

I ______________________________ V ______________________________

J ______________________________ W ______________________________

K ______________________________ X ______________________________

L ______________________________ Y ______________________________

M ______________________________ Z ______________________________

➲ Diese Aufgabe kannst du auch mit einem Partner bzw. einer Partnerin bearbeiten.

Eine Tagebucheintragung schreiben

7

Versetze dich in eine Figur aus deinem Buch hinein, und zwar in einer bestimmten Situation, in der sich die Figur gerade befunden hat. Was hat die Person erlebt? Was denkt sie darüber? Wie fühlt sie sich gerade? Was hat sie vor? Stell dir vor, du bist diese Buchfigur.
Schreibe eine Tagebuchseite für sie.

Zu Seite ______ im Buch

Liebes Tagebuch, Ich ______________________________

Davon träumt eine Buchfigur

8

Eine Buchfigur hat einen Traum. Lass sie an irgendeiner Stelle des Buches träumen. Schreibe in die Traumwolken, was sie wohl träumen könnte.

Zu Seite ______ im Buch

Begründe kurz, warum deine Buchfigur wohl gerade diesen Traum hat.

Eine Bildergeschichte oder einen Comic zeichnen

Gestalte zu einer Szene aus dem Buch eine Bildergeschichte oder einen Comic aus vier Bildern. Bei einer Bildergeschichte kannst du für jedes Bild eine Überschrift finden; bei einem Comic kannst du in Denk- oder Sprechblasen aufschreiben, was die Personen denken oder sagen.

Zu Seite ______ im Buch

Eine Filmszene entwerfen

Zeichne zu einem Kapitel eine kurze Filmszene mit vier Bildern. Neben die Bilder schreibst du, was auf den Bildern passiert bzw. was die Personen sagen. Zusammen mit einigen Mitschülern kannst du die Szene vielleicht auch mit einer Videokamera aufnehmen.

Zu Seite ______ im Buch

Gedankenwirrwarr

Vielleicht gehen einer Buchfigur in einer bestimmten Situation viele Gedanken durch den Kopf. Wähle eine Buchfigur aus und versuche dir vorzustellen, welche Gedanken es in dieser Situation wohl sein könnten. Schreibe sie in die Denkblase.

Zu Seite ______ im Buch

______________________________ könnte denken:
(Name einer Buchfigur)

Wem gibst du recht?

In einem Textabschnitt prallen zwei verschiedene Meinungen aufeinander. *Wer* vertritt *welche Meinung? Welche Argumente* werden genannt (Stichworte)? Welcher Meinung stimmst *du* zu?

Zu Seite ______ im Buch

Meinung von ______________________:

____

____

Argumente für die Meinung:

____

____

____

____

____

____

____

Meinung von ______________________:

____

____

Argumente für die Meinung:

____

____

____

____

____

____

____

Meine Meinung: ______________________

____

Meine Begründung: ______________________

____

____

____

Eine schwierige Entscheidung

Eine Buchfigur steht vor einer schwierigen Entscheidung. Schreibe in die Pfeile,
- welche Entscheidungsmöglichkeiten die Buchfigur hat oder
- welche Argumente für die eine oder die andere Entscheidung sprechen oder
- welche Folgen die Entscheidung haben könnte.

Notiere dann, welchen Rat du der Buchfigur geben würdest.

Zu Seite ______ im Buch

Um diese Buchfigur geht es: ______________________________

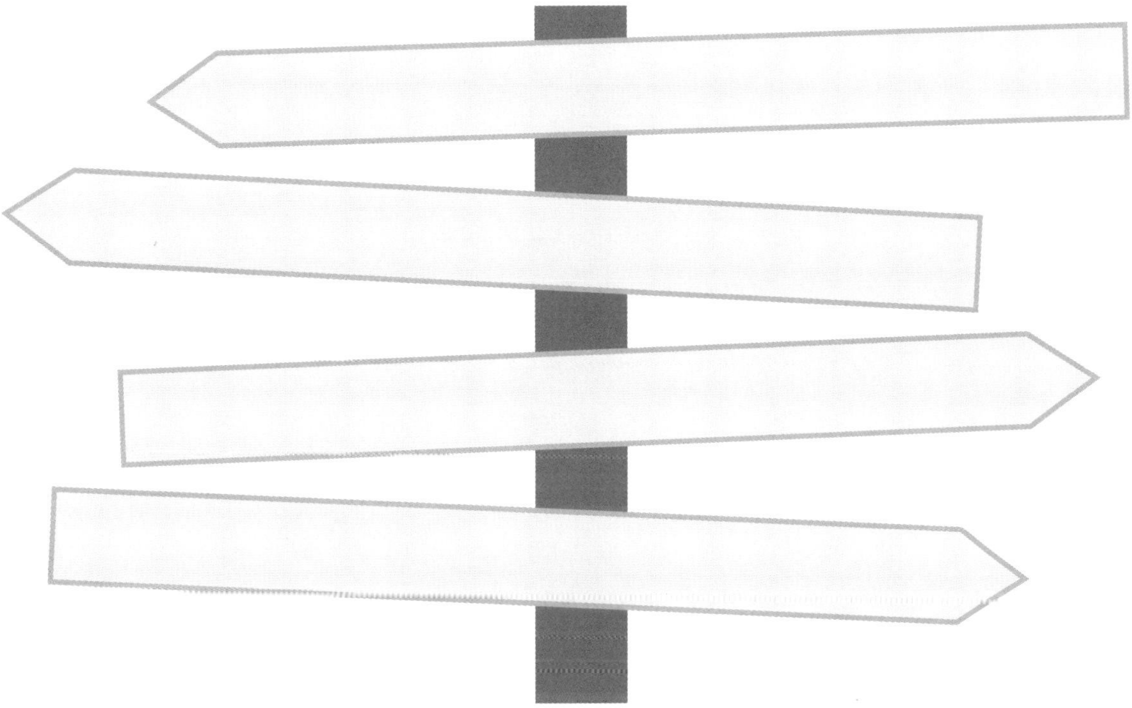

Wie hat die Buchfigur sich entschieden? ______________________________

____

So hätte ich mich entschieden: ______________________________

____

Meine Begründung: ______________________________

____

____

Ein Gespräch unter Freunden

In verschiedenen Situationen des Buchgeschehens ist es sinnvoll, dass zwei Buchfiguren miteinander ein klärendes Gespräch führen. Schreibe in die Sprechblasen, wie ein solches Gespräch verlaufen könnte. Wer spricht mit wem?

Zu Seite ______ im Buch

______________________________ spricht mit ______________________________

Eine E-Mail an eine Buchfigur schreiben

Schreibe eine E-Mail an eine Buchfigur und teile ihr mit, was du über sie denkst oder welchen Rat du ihr in einer bestimmten Situation geben willst.

Zu Seite ____ im Buch

Stell dir vor, die Buchfigur antwortet dir und schreibt dir ebenfalls eine E-Mail. Was könnte darin stehen?

Ein Telefongespräch mit einer Buchfigur

Wähle eine der beiden folgenden Situationen aus:

- Eine Buchfigur ruft dich an oder schickt dir eine SMS und fragt dich um Rat. Oder:
- Du rufst eine Buchfigur an oder schickst ihr eine SMS, um ihr einen Rat zu geben, ein Problem mit ihr zu besprechen oder ihr deine Meinung zu sagen.

Schreibe auf, wie das Telefongespräch oder der SMS-Kontakt verlaufen könnte.

Zu Seite ______ im Buch

Hallo, ____

Eine Urkunde für eine Buchfigur

Bist du der Meinung, dass eine Buchfigur ein besonderes Lob verdient oder etwas Besonderes geleistet hat? Dann stelle ihr eine Urkunde aus.

Urkunde

für ______________________________

weil

____

____

____

____

____

____

____

ausgestellt von ______________________________

➲ Du kannst die Urkunde auch von einer anderen Buchfigur ausstellen lassen.

Das haben wir gemeinsam

Wähle eine Buchfigur aus dem gelesenen Buch oder Textabschnitt aus und vergleiche sie mit dir. Welche Eigenschaften hat die Buchfigur? Welche Eigenschaften hast du? Gibt es Eigenschaften, die ihr gemeinsam habt?

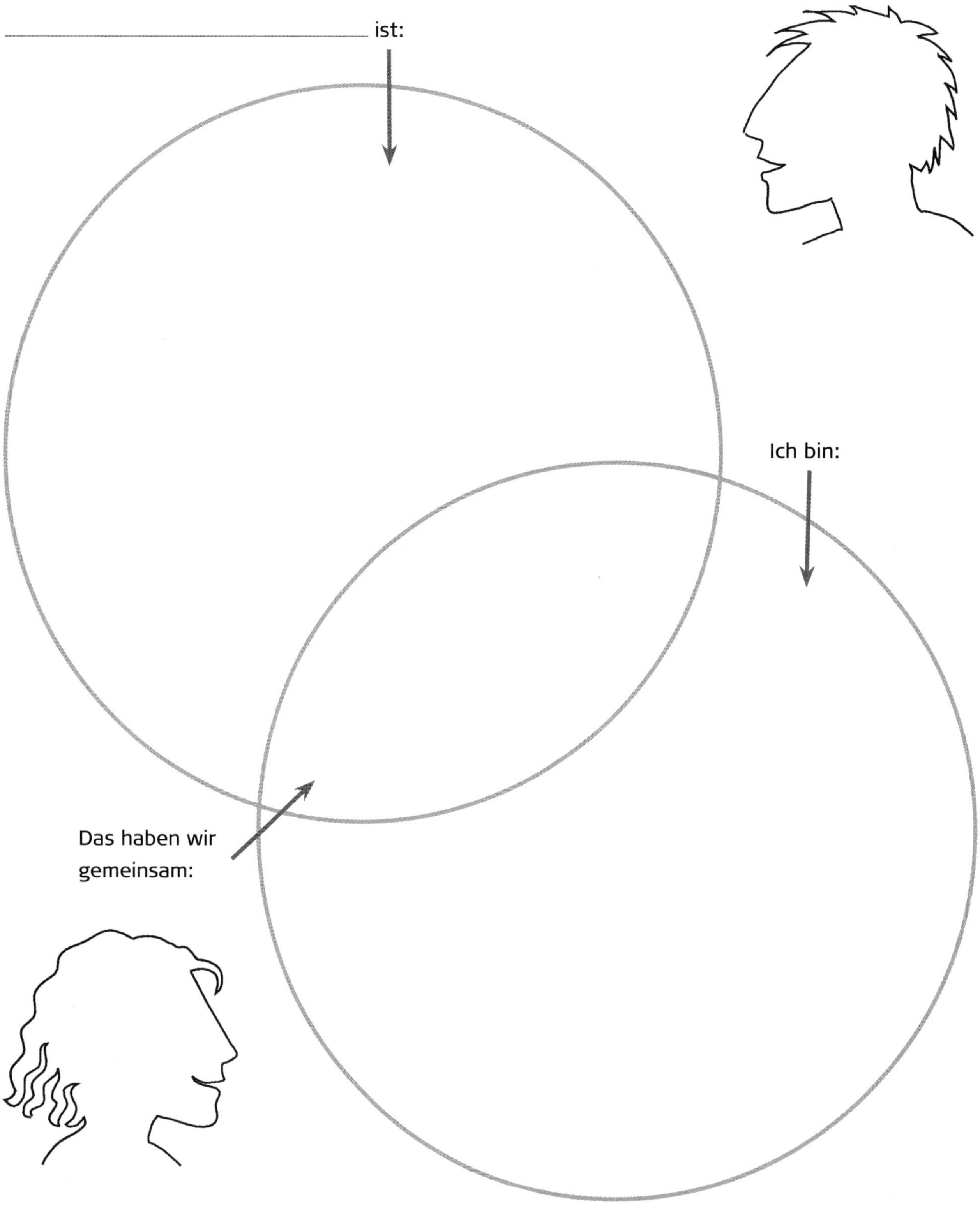

Wichtige Wörter – besondere Sätze

Es gibt sicher einige wichtige Wörter, die deutlich machen, worum es in dem Buch geht. Zum Beispiel: Freundschaft – Liebe – Gewalt – Abenteuer – ...
Wähle eins davon aus und schreibe es in die Mitte des Clusters. Notiere darum herum, was dir zu diesem Wort einfällt bzw. was dazu in dem Buch vorkommt.

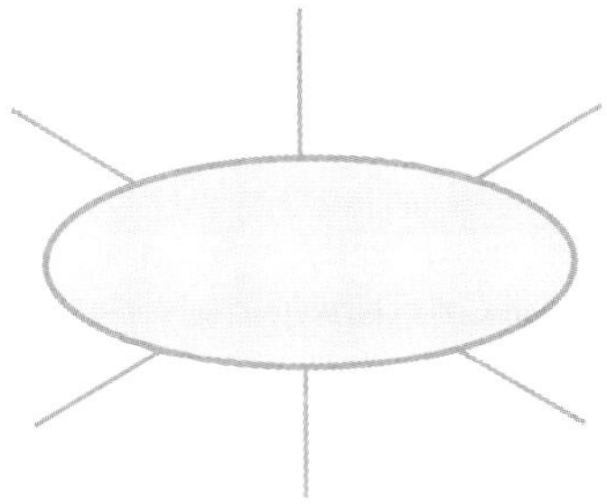

Sind dir beim Lesen einzelne Sätze aufgefallen, die du besonders schön findest? Oder bist du auf Sätze gestoßen, die für eine Buchfigur besonders wichtig sind?
Dann kannst du fünf solche Sätze auswählen und damit ein **Rondell** gestalten.

Ein **Rondell** ist ein **Text aus acht Sätzen,** die untereinander aufgeschrieben werden. Aber du brauchst dafür nur **fünf verschiedene Sätze.**
Ein Satz, der dir besonders gut gefällt, soll nämlich in dem Text **dreimal** vorkommen – an welchen Stellen ist egal.

1 ______________________________

2 ______________________________

3 ______________________________

4 ______________________________

5 ______________________________

6 ______________________________

7 ______________________________

8 ______________________________

Ein Schreibgespräch führen

Zu einem Kapitel aus dem Buch kannst du mit einem Partner oder einer Partnerin ein Schreibgespräch führen. Und das geht so:
Ein Partner schreibt in möglichst wenigen Worten einen Gedanken zu dem Buchkapitel auf oder stellt eine Frage, gibt seiner Verwunderung Ausdruck oder kritisiert etwas. Dann erhält der andere Partner das Blatt und reagiert auf das Geschriebene.
Das geht einige Male hin und her, bis keiner mehr etwas schreiben möchte. Am Ende kann das Geschriebene vorgelesen werden und Grundlage für ein weiterführendes Gespräch sein.

In einem Schreibgespräch wird nicht gesprochen. Deshalb ist es wichtig, so leserlich zu schreiben, dass der Partner nicht nachfragen muss.

Wenn du keinen Partner für das Schreibgespräch findest, kannst du auch ein „Selbstgespräch“ führen.

Begriffe notieren und erklären

Wenn in deinem Buch Begriffe vorkommen, die dir beim Lesen aufgefallen sind oder die du neu gelernt hast (z. B. Fachausdrücke, Fremdwörter, besondere Namen von Personen und Orten), dann notiere sie und finde heraus, was sie bedeuten. Du kannst Erklärungen im Buchtext suchen, jemanden fragen, im Lexikon nachschlagen oder mit Internet-Suchmaschinen forschen.

So lautet der Begriff:	Seite im Buch:	Dies ist die Bedeutung des Begriffs:

Eine Textstelle verändern

Stell dir vor, du könntest in das Buchgeschehen eingreifen, sodass alles ganz anders kommt. Oder du könntest eine Textstelle so verändern, dass du selbst darin vorkommst. Wähle eine Textstelle aus, die du gern ändern möchtest, und schreibe sie nach deinen Wünschen um.

Die Textstelle, die ich ändern möchte, beginnt auf Seite ______.

So schreibe ich die Textstelle um:

Ein Rätselgitter entwerfen

23

Entwirf zu dem Buch oder zu einem Textabschnitt ein Rätselgitter. Trage dazu **10 Wörter,** die in dem Buch oder in dem Textabschnitt vorkommen, **waagerecht und senkrecht** mit **Großbuchstaben** in die Kästchen ein und fülle die restlichen Kästchen mit beliebigen anderen Buchstaben. Gib dann das Rätsel jemandem, der das Buch ebenfalls gelesen hat. Wird er oder sie die Wörter finden? (Besonders kniffelig wird es, wenn es dir gelingt, einige der gesuchten Wörter so einzutragen, dass sich einzelne Buchstaben überschneiden.)

Meine Meinung zu dem Buch

Gut fand ich ...

Nicht so gut fand ich ...

Besonders spannend / lustig / traurig / ärgerlich / gemein fand ich...

??? *Auf diese Fragen hätte ich gern noch eine Antwort:*

!!! *Ich würde das Buch* ☐ *weiterempfehlen* ☐ *nicht weiterempfehlen, weil ...*

Mein neues Wissen

Fasse (evtl. stichwortartig) zusammen, worum es in dem gelesenen Buch geht. Bei den Formulierungen hilft dir vielleicht der Klappentext. Verwende dann die notierten Informationen für eine Kurz-Info auf einer Wandzeitung, für die Schülerzeitung oder für einen kleinen Vortrag für deine Mitschülerinnen und Mitschüler.

Schreibe drei Dinge auf, die du in dem Buch besonders interessant fandest und die du dir auf jeden Fall merken willst.

1.

2.

3.

Mein Stimmungsbarometer beim Lesen

In ein Stimmungsbarometer kannst du eintragen, wie deine Stimmung beim Lesen war. Hast du dich immer gleich gut oder gleich schlecht gefühlt? Hat dir das Lesen des Buches mal mehr und mal weniger Freude gemacht? Haben die Buchfiguren und ihre Erlebnisse bei dir ein gutes Gefühl ausgelöst oder hast du dich auch mal geärgert?
Notiere neben dem Stimmungsbarometer die Seiten, die Kapitel, die Namen der Buchfiguren oder ihre Erlebnisse an den passenden Stellen – im „sonnigen" oder im „stürmischen" Bereich.

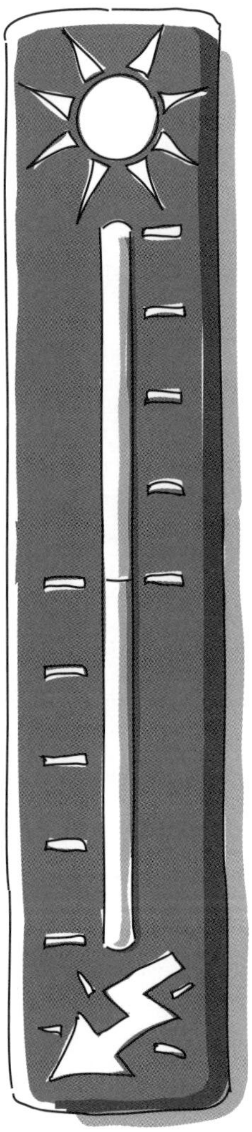

Wähle aus den folgenden Satzanfängen diejenigen aus, die auf dich zutreffen, und vervollständige sie auf einem Zusatzblatt:

Beim Lesen habe ich darüber nachgedacht, ...
Ich wurde beim Lesen manchmal abgelenkt durch ...
Ich hatte das Gefühl, dass die Zeit sehr schnell vergeht, weil ...
Ich habe aufgehört zu lesen, als ...
Ich habe nicht verstanden, ...
Das Lesetagebuch-Schreiben fand ich ..., weil ...

Eine Lesekiste gestalten

Wenn du ein Buch liest oder gelesen hast, kannst du eine Lesekiste dazu gestalten. Dazu brauchst du einen leeren Schuhkarton und viel Fantasie. Bei dem Schuhkarton werden die Außen- und Innenseiten bemalt oder beklebt. Innen im Schuhkarton befinden sich Gegenstände, die etwas mit dem Inhalt des Buches zu tun haben.

➜ Zuerst musst du überlegen, welche **Gegenstände** etwas über den Inhalt des Buches oder über die Buchfiguren aussagen:
- passende Playmobil-Figuren für die Buchfiguren
- ein Stück Baumrinde für ein Ereignis im Wald
- ein Stückchen Glas für ...
- ein Stein für ...
- eine Feder für ...

➜ Für diejenigen, die später deine Lesekiste anschauen, schreibst du eine kurze **Inhaltswiedergabe** zum Buch und Angaben zum Autor bzw. zur Autorin. Beides klebst du in die Innenseite des Deckels. (Damit du bei der Inhaltswiedergabe nicht zu viel verrätst, kannst du dich z. B. am Klappentext des Buches orientieren.)

➜ In den gestalteten Schuhkarton werden nun die gesammelten Gegenstände hineingelegt und zu einem **Gesamtbild** ‚komponiert'. (Tipp: Ordne die Gegenstände im Schuhkarton so an, dass man sie sehen kann, wenn der Karton aufrecht auf einer Seite steht.)

➜ Wenn du eine Lesekiste zu einer bestimmten Szene aus dem Buch gestaltest, kann es bei manchen Gegenständen hilfreich sein, sie mit etwas **Klebstoff** in der Kiste zu befestigen.

➜ Wenn du eine Außenseite des Kartons mit wichtigen **Informationen zum Buch** beschriftest (z. B. Titel, Verfasser, evtl. Verlag, Erscheinungsort und -jahr), kannst du deine Kiste, auch wenn sie geschlossen im Regal steht, leicht wiederfinden.

Die Lesekiste präsentieren

Wichtig ist, dass du deine fertige Lesekiste deinen Mitschülerinnen und Mitschülern vorstellst. Dabei ist die folgende Reihenfolge sinnvoll:
- Zuerst eine kurze Einführung in das Buch geben (Titel, Autor/Autorin, Buchfiguren, Inhalt).
- Dabei auch begründen, warum du das Buch ausgewählt hast.
- Die einzelnen Gegenstände zeigen und jeweils sagen, was sie bedeuten sollen. Vielleicht vorher fragen, welche Bedeutung die Zuhörer wohl vermuten.
- Danach erklären, wie und warum du deine Lesekiste auf den Außen- und Innenseiten bemalt oder beklebt hast.
- Vortragen, was auf den Kärtchen steht, die du zur Erklärung beschriftet hast.
- Der Klasse Gelegenheit für Fragen zum gelesenen Buch und zur Lesekiste geben.

➜ Wenn mehrere Schülerinnen und Schüler eine Lesekiste gestaltet haben, könnt ihr eine **Ausstellung in der Pausenhalle** der Schule machen. Wenn auch andere Klassen Lesekisten gestaltet haben, kann daraus – vielleicht am „Tag des Buches" – eine große Lesekistenausstellung werden.

Vorschläge für weitere Aufgaben

1 Schreibe einen **Brief an den Autor oder die Autorin.** Teile ihm bzw. ihr zuerst etwas über dich mit (Name, Alter, Schule, Klasse, Hobbys usw.) und schreibe dann auf, was dir an dem Buch gefallen hat und was nicht. Vergiss nicht, deine Meinung auch zu begründen. Du kannst dem Autor bzw. der Autorin auch Fragen stellen, auf die du gern eine Antwort haben möchtest.

2 Schreibe eine ausführliche **Buchbesprechung** zu dem gelesenen Buch.
- Zuerst den Inhalt des Buches kurz wiedergeben.
- Dabei besonders auf die Hauptpersonen eingehen.
- Danach zum Buch Stellung nehmen und deine Meinung begründen:
  Was findest du gut und was nicht? Was hat dich besonders bewegt? Welche neuen Erkenntnisse hast du gewonnen? Was hast du nicht verstanden? Was meinst zu den Hauptpersonen und ihrer Geschichte?
- Am Schluss aufschreiben, wem du das Buch zum Lesen empfehlen würdest.

3 Suche in Zeitschriften und Zeitungen nach **Fotos** und anderen **Bildern** (evtl. auch nach Texten), die zum Buch, zu den Buchfiguren und zu den angesprochenen Problemen passen.

4 Male zu einer Stelle im Buch, die dir besonders gut gefallen hat, ein **Bild.**

5 Fertige mithilfe von Zeitschriften und anderen Materialien eine **Collage** zum Thema des Buches an.

6 Erstelle ein großes **Plakat,** das für das Buch wirbt und zum Lesen auffordert.

7 Welche Buchfigur möchtest du zum **Freund** oder zur **Freundin** haben? Und welche Buchfigur möchtest du auf keinen Fall zum Freund oder zur Freundin haben? Entwirf für diese Figur einen Steckbrief und begründe deine Auswahl.

8 Gefällt dir der **Schluss des Buches?** Wenn du dir auch einen anderen Schluss vorstellen kannst, dann schreibe den Schluss der Geschichte neu, und zwar so, wie du dir den Schluss wünschst.

9 Könnte die Geschichte noch weitergehen? Dann schreibe sie weiter und füge dem Buch noch **ein oder zwei Kapitel** hinzu.

10 Passt der **Titel** zu dem Buch? Passt das **Cover**? Wenn du andere Vorschläge hast, dann entwirf einen neuen Titel oder gestalte ein neues Buchcover. Du kannst auch ein **Titelblatt für dein Lesetagebuch** entwerfen.

11 In einer kleinen Gruppe könnt ihr einzelne Szenen des Buches nachspielen oder für eine **Videoaufnahme** inszenieren.

12 Wenn ihr in der Klasse verschiedene Bücher gelesen habt, könnt ihr eine Szene aus eurem Buch zum **Vorlesen** vorbereiten und sie euch gegenseitig vortragen.